1권 제자로의 발돋움

전인성숙을 위한 제자훈련시리즈 1
제자로의 발돋움

발행 | 김선경
저자 | 심수명
기획 및 교정 | 유근준
편집 | 최정민
초판 인쇄일 | 2006. 5. 3.
3판 인쇄일 | 2016. 2. 15.
발행처 | 도서출판 다세움
서울시 강서구 수명로2길 88
Tel. 02-2601-7422~4
Fax. 02-2601-7419
Home Page : www.daseum.org
총판 | 비전북
경기도 고양시 일산구 장항동 568-17
Tel. 031-907-3927
Fax. 031-905-3927

정가 5,000원

ⓒ 도서출판 다세움
ISBN 978-89-92750-35-6 (전4권)

목 차

제자훈련을 시작하며 · 4

1 말씀의 위력 · 7
2 경건의 시간 · 17
3 기도 - 하나님을 향한 간절함 · · · · · · · · · · · · · 29
4 기도 응답 · 39
5 교제 - 그리스도 안에서의 나눔 · · · · · · · · · · · 47
6 교회 공동체 · 59

부록 · 69
과제물 점검표 · 70
성경읽기 1년 통독표 · 71

제자 훈련을 **시작하며**

링 엔펠터 선교사는 그의 책 「십자가를 전파함」에서 "미국 선교사는 애프 족의 선교사가 될 수 없다."고 했습니다. 이 말은 선교사로서 애프 족과 2년간 생활을 같이 한 후 결론적으로 내린 말입니다. 애프 족은 남태평양에 있는 조그만 애프 섬에 사는 원주민들인데 그들은 미국인과 사고방식, 삶의 습관이나 형태가 너무도 달랐습니다.

링 엔펠터 선교사에 의하면,

- 미국인은 '시간중심'으로 시간 엄수와 최대한의 시간 활용을 중요시하는 반면, 애프 족은 '행사 중심'이며 시간의 양에 관계없이 행사가 완성되었는지의 여부에 관심을 갖고, 계획적이기 보다는 즉흥적으로 살아갑니다.
- 미국인은 '업적중심'으로 일과 원칙에 초점을 맞추어 목표달성을 중요시하는 반면 애프 족은 인간관계에 초점을 맞추고, 그 관계에서 만족을 찾습니다.
- 미국인은 '분석적 사고체계'로서 헬라식 논리와 분석을 좋아하고 애프 족은 '종합적 사고체계'로서 히브리식 감정과 은혜를 좋아합니다.
- 미국인은 '약점 노출형'으로 사생활을 자유롭게 이야기하며, 실수나 실패가 용납되고 잘못이나 단점, 다른 견해에 대한 비판 등이 수용됩니다. 그러나 애프 족은 '약점 은폐형'으로 사생활에 대해 잘 나누지 않고, 실수나 실패를 용납하지 못하며, 약점이나 단점을 감추고, 다른 견해의 비판을 수용하기 어려워 합니다.

현대 사회는 점점 미국인의 경향으로 흘러가는 것 같습니다. 따라서 미국인의 경향이 더 옳은 것처럼 보이지만 사실 양자는 다 옳은 것입니다. 그러므로 서로의 차이와 다름을 인정하는 것이 중요합니다. 이 둘은 서로 보완되어야 하는 것입니다. 따라서 애프 족 선교사가 되려고 하는 미국인 선교사는 먼저 애프 족 사람이 되는 것부터 배워야 합니다. 바로 그것이 예수님의 성육신 정신입니다.

성육신 정신은 하나님께서 사람들과 같이 되시는 것이며, 사람의 모양으로 나타나시는 것입니다(빌 2:7). 다른 말로 하면 하나님께서 인간의 체질로 바꾸셨다고 할 수 있습니다. 물론 예수님은 육신적 인성과 하나님으로서의 신성을 소유하고 계시지만 말입니다. 애프 족 사람이 되려고 하는 생각만 가지고는 애프 족 사람이 될 수 없고, 애프 족 사람의 체질로 변화될 때 비로소 애프 족 사람이 되는 것입니다.

그리스도인이 되는 것도 마찬가지입니다. 성도들이 예수님과 같은 삶을 살아야 되겠다는 생각만으로는 예수님의 삶을 사는 그리스도인이 될 수 없습니다. 예수님의 체질로 바뀌어야만 예수님을 닮은 신자가 될 수 있는 것입니다. 따라서 제자 훈련의 목적은 예수님의 시각과 예수님의 가치관을 몸에 익히는 것뿐만이 아니라 예수님의 체질을 익혀 영향력 있는 그리스도인의 모습을 만들어 가는데 그 목적이 있습니다. 우리도 제자 훈련을 통해서 이런 사람이기를 원합니다.

그러나 제자가 되고 싶다는 결심만으로 제자가 되는 것이 아닙니다. 제자가 되는 과정을 밟아야 합니다. 제자는 태어나는 것이 아니라 만들어지는 것이므로 지속이며 집중적으로 훈련을 받아야 합니다.

예수님께서 하늘로 올라가시기 전에 마지막으로 남기신 말씀은 "그러므로 너희는 가서 모든 족속으로 제자를 삼으라(마 28:19)"는 것이었습니다. 이것은 세계 구원에 대한 예수님의 마스터플랜이었습니다. 간단명료하면서도 위대한 계획이었지만 이상하게도 교회 역사상 대부분의 시대에서 많이 무시되어 버린 것이 사실입니다. 예수의 제자들이 또 다른 사람들을 제자 삼는 제자 훈련은 예수님의 방법이었습니다.

제자란 예수님에 의해 부르심을 받고 예수를 따르는 자입니다. 전적으로 주도권이 예수님께 있습니다.

"너희가 나를 택한 것이 아니요 내가 너희를 택하여 세웠나니 이는 너희로 가서 과실을 맺게 하고 또 너희 과실이 항상 있게 하여 내 이름으로 아버지께 무엇을 구하든지 다 받게 하려 함이니라" (요 15:16)

제자는 자기 자신을 그리스도에게 의탁하고 그리스도의 길을 가며 그리스도의 삶을 살고 그리스도의 사랑과 진리를 남들과 나누는 자들입니다. 그러면 제자 훈련의 궁극적인 목적은 무엇입니까? 그것은 하나님의 영광을 목표로 하면서 그 과정에서 예수 그리스도의 인격과 삶을 본받는 그리스도인의 자아상을 확립하는 것입니다. 우리가 되어야 하는 제자는 예수의 제자입니다. 오직 그리스도의 제자입니다. 그러므로 예수 그리스도가 훈련의 주제이며 표준이며 목표입니다. 이런 의미에서 볼 때 제자 훈련에서 예수님을 빼어 버리면 남는 것이 하나도 없습니다. 예수의 제자가 된다는 것은 예수님을 각자의 왕, 주인으로 모시고 그를 따르고 배우며 순종하는 사람이 되는 것입니다.

이 성경공부 교재는 제자 훈련을 인간의 전인 성숙에 초점을 두었습니다. 오늘날 수많은 성경공부와 만남들이 있지만 그 속에 인격적인 만남이나 인간의 전체성을 돌아보는 인격적인 돌봄과 대면이 부족한 것 같습니다. 그래서 많은 성경공부를 했지만 삶의 변화에 대한 안목이 부족한 것입니다. 그래서 저는 이 과정을 통해 전인 치유적 관점에서 말씀을 나누며 사람들을 세워가려고 접근했습니다.

최근 발전하고 있는 인간학에서도 인간 본성의 육체적, 정신적, 영적 통일성을 강조하고 있습니다. 뿐만 아니라 하나님이 얼마나 인간을 이해하고 사랑하시는 하나님이신지 예수님을 우리에게 보내어 인간의 육신을 입게 하셨습니다. 그래서 기독교 신앙의 참된 영성은 인간을 통합적으로 보며 기독교적 휴머니티를 이루는 것입니다. 따라서 철저히 하나님의 은혜와 그리스도 중심적 차원에 서 있으면서 인간 전인 회복을 위하여 전인성의 관점으로 사람을 돌보는 성경공부가 진행되기를 원합니다.

예수님의 제자
심 수 명

1과
말씀의 위력

말씀의 위력

하나님의 말씀은 살아서 역사하기 때문에 사람을 변화시킬 수 있는 능력이 말씀 그 자체에 있습니다(히 4:12). 하나님의 말씀은 그 어느 칼보다 더 예리하기 때문에 영혼을 찔러 쪼개기까지 하며 전인을 치료하는 능력이 있습니다. 하나님의 말씀이 우리 안에 들어가면 그 말씀이 우리 마음의 생각과 뜻을 우리보다 더 잘 알고 있기 때문에 우리가 생각하는 것 이상으로 완전한 치료가 일어납니다.

성경은 우리가 낙심하고 절망하여 쓰러져 있을 때 우리를 일으켜 세우고 위로합니다. 뿐만 아니라 희망과 꿈을 잃고 의기소침해 있는 사람들에게 소망을 주고 새 사람으로 만들어 줍니다.

반대로 우리가 교만한 마음을 품고 있을 때 성경은 우리의 죄악을 드러내고 우리의 위선을 벗기며, 우리의 고집을 꺾음으로써 우리의 마음을 낮춥니다. 그래서 날마다 하나님의 말씀을 먹을 때 우리는 교만하지 않고 온전한 사람으로 변화된 삶을 살 수 있는 것입니다.

성경이 사람들을 치료하고 변화시킬 수 있는 것은 그 말씀이 하나님의 말씀이고 살아 있기 때문입니다. 살아 계신 하나님께서 하신 말씀이기에 살아 있고 생명력이 있고 능력이 있습니다. 그러므로 하나님의 말씀은 그 자체로 어마어마한 위력을 가지고 있습니다. 또한 살아 계신 말씀이기에 과거의 말씀이 아니라 지금 우리에게 말씀하십니다.

성경 한 구절만이라도 생명의 말씀으로 붙들기만 하면 우리의 인생은 달라집니다. 성경 한 구절이 내 마음 판에 박히면 나의 생각을 바꾸고 행동을 바꾸어 새 사람이 되게 합니다.

방황하던 어거스틴은 로마서 13장 12절 말씀을 읽고 변화되었고, 세상을 좇던 무디는 요한복음 1장 12절 말씀을 통해 새롭게 태어났습니다. 루터는 '오직 의인은 믿음으로 살리라'는 로마서 1장 17절 말씀을 읽고 큰 깨달음과 신앙의 자유함을 얻어 종교개혁을 일으켰습니다.

이처럼 성경 한 구절만이라도 바로 붙들고 마음 판에 새기면 하나님께서는 그 말씀을 통해 내 삶을 변화시키고 큰 역사를 일으키십니다. 하나님의 말씀이 살아서 역사하기 때문입니다.

📝 서문을 읽고 어떤 생각과 느낌이 드십니까?

1. 말씀의 능력

1850년 12월 6일 주일, 영국의 콜체스터시는 심한 눈보라 때문에 교통이 두절되었습니다. 한 소년이 날씨 때문에 자기 교회에 가지 못하고, 집 가까운 교회에서 예배를 드리게 되었습니다. 그날따라 그 교회 목사님께서는 출타하여 없었기에, 한 평신도가 대신 설교를 전했습니다.

얼마 안 되는 성도들을 앞에 두고 그 평신도는 더듬거리며 이사야 45장 22절의 말씀을 봉독했습니다. 그의 설교는 서툴렀습니다. 그러나 말씀은 말씀 자체로서 능력이 있었기에 소년의 마음속에서는 하나님께서 자신에 대하여 무엇인가 말씀하시는 소리가 들려왔습니다.

"나는 지금 하나님을 바라보고 있는가? 내게는 구원의 확신이 있는가?" 이때 그 평신도 설교자가 이렇게 말했습니다.

"여러분의 인생이 곤고할 수록 예수님을 더욱 바라보세요."

설교자의 이 말 한 마디가 소년의 마음에 깊이 박히게 되었습니다. 그 이후, 소년은 일평생 예수님만 바라보며 살아가기로 결심하였고 많은 사람들을 예수님께 인도하는 삶을 살았는데, 그가 바로 위대한 설교자 찰스 스펄전이었습니다.

말씀은 그 자체가 생명력이 있습니다. 그렇기 때문에 말씀이 선포되는 순간, 그 말씀이 우리를 사로잡는 것입니다.

1) 말씀의 능력이 나타난 성경구절을 살펴봅시다.

📖 창세기 1:3

📖 히브리서 11:3

📖 요한복음 4:46-53

2) 말씀의 능력을 당신은 의지하고 있습니까? 말씀의 능력이 당신에게 나타나고 있습니까?

3) 말씀의 능력을 의지하지 못하고 있다면 그 이유는 무엇이며, 이것을 어떻게 극복하시겠는지요? (예: 불신, 불순종, 매너리즘 등)

2. 말씀의 능력의 두 차원

하나님의 말씀의 능력은 성도의 구원과 영적성장이 일어나도록 하는 두 가지 측면에서 나타납니다. 말씀을 통해 살펴봅시다.

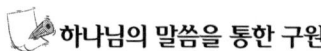
하나님의 말씀을 통한 구원

📖 디모데후서 3:15

말씀을 통한 영적 성장

📖 사도행전 20:32

1) 당신은 언제 구원의 확신을 가졌습니까? 구원의 확신을 주신 말씀은 무엇입니까? 그리고 그 후 어떤 영적 변화가 있었습니까?

2) 말씀을 통해 믿음이 성장하거나 문제를 해결한 경우나, 말씀을 통한 영적 성장의 경험을 나누어 봅시다.

3. 말씀을 주신 목적

1) 하나님께서 우리에게 말씀을 주신 목적은 무엇일까요? 다음 말씀을 통해 확인해 보십시오.

📖 요한복음 15:10-11

2) 말씀을 일주일에 몇 번 정도 읽고 적용하시는지요? 만약 그동안 말씀을 잘 읽지 않았다면 지금부터라도 말씀을 읽고 묵상하는 생활을 결심하시겠는지요?

4. 복 있는 사람

"복 있는 사람은 악인의 꾀를 좇지 아니하고 죄인의 길에 서지 아니하며 오만한 자의 자리에 앉지 아니하고 오직 여호와의 율법을 즐거워하여 그 율법을 주야로 묵상하는 자로다" (시편 1:1-2)

본문 말씀에서 '묵상'이란 단어의 원어 '하가(hagha)'는 명상을 뛰어넘어 반복되는 적용을 의미합니다. 즉 하나님의 말씀을 이해하는 데서 그치는 것이 아니라, 바로 그 말씀을 삶 속에서 반복적으로 적용하라는 의미입니다. 말씀을 읽고 듣고 이해하는 것만으로는 외식하는 율법사가 될 뿐이지만 그 말씀의 적용을 반복함으로써 진정으로 살아 있는 크리스천이 될 수 있는 까닭입니다.

군인 중에 특수 임무를 수행하는 공수부대원들은 매일 같은 동작을 반복하여 훈련합니다. 그것은 그들이 무식하거나 지능이 나빠서가 아닙니다. 언제 어디서든 본능적으로 적에게 대응하기 위해서입니다. 전문 성악인의 말에 의하면, 같은 곡을 적어도 1만 번 이상 반복해야 어떤 여건 하에서도 흔들림 없이 본능적으로 노래를 할 수 있다고 합니다. 크리스천이 말씀을 반복적으로 적용하는 것 역시, 어떤 상황 속에서건 견고한 영적인 크리스천이 되기 위함입니다. 따지고 보면 반복 없이 이루어지는 일이란 없습니다. 내가 지금 살아 있는 것도 심장의 반복적인 운동 때문입니다.

1) 위의 글을 보고 복 있는 사람은 한마디로 어떤 사람이라고 할 수 있겠습니까? 그리고 당신은 복 있는 사람이신지요?

2) 그동안 말씀이 당신에게 삶의 능력이 되어 왔습니까? 그 증거는 무엇입니까? 말씀의 능력을 더욱 붙잡기 위해 어떤 노력을 하시겠습니까?

5. 오늘 새롭게 깨달은 것을 나누어 봅시다.

숙제 : 성경읽기 통독표에 따라 말씀 읽기를 시작하도록 합니다.

2과
경건의 시간

경건의 시간

하나님께서 그의 백성들에게 말씀하시는 가장 기본적인 방법은 말씀을 통한 것입니다. 기독교의 본질은 하나님과 관계를 맺는 것입니다. 그리고 대화 없는 관계란 있을 수 없습니다. 어느 날 저녁, 한 자매가 매우 상기된 얼굴로 교회 모임에 왔습니다. 분명 무언가 신나는 일이 일어났음에 틀림없었습니다. 내가 "무슨 일이 있었나요?"라고 물었더니 그녀가 대답했습니다.

"방금 제 남자 친구랑 통화했어요."

그 한 통의 전화가 그녀의 기분을 완전히 상기시켜 놓은 것입니다. 그리스도를 따르는 자들도 이와 같습니다. 규칙적으로 말씀을 읽고 하나님과 지속적인 만남을 갖는 사람은 어느 모임에서든 눈에 띕니다. 마치 방금 하나님과 사랑의 통화를 한 것과 같이 말입니다.

반면, 성경을 통해 하나님과 전혀 만나지 않거나 또는 거의 만나지 않는 사람은 위의 사람과 정반대의 현상을 나타냅니다. 그들의 생활은 침체되어 있으며 표정도 우울합니다. 이 두 그룹의 차이점은 무엇인가요?[1]

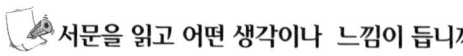 서문을 읽고 어떤 생각이나 느낌이 듭니까?

---

1) 윌로우크릭 소그룹나눔 성경공부 시리즈 중에서

1. 내 마음 그리스도의 집 [2]

예수님께서는 믿는 자들의 마음을 자신의 거처로 삼으십니다. 다음은 영적으로 어린 한 그리스도인이 어떻게 자기 마음을 그리스도께 내어드리게 되었는지, 또 그리스도께서 자신과의 교제를 갈망하신다는 것을 어떻게 알게 되었는지 잘 보여주고 있습니다.

나는 예수님을 영접하였고 그 이후로 주님께서 나의 집을 방문하셨습니다. 나는 기꺼이 그의 방문을 환영하였고 나의 작은 마음을 거처로 삼으신 것에 대해서 무척 기뻐하였습니다. 나는 예수님께 집을 소개시켜드렸습니다.

서재

서재를 둘러보신 주님은 몇 가지 얼굴 붉힐 만한 책들과 그림을 보셨고 나는 재빨리 이 서재가 정리될 필요가 있다고 말씀드렸습니다. 주님은 기꺼이 도와주시겠다고 하시고 깨끗지 못하며 좋지 않고 참되지 못한 것은 전부 내다버리도록 명하셨습니다. 그리고 성경말씀을 채워놓고 주야로 묵상하도록 하셨습니다.

주방

내가 정말 좋아하는 주방에서 나는 정성껏 음식을 준비하여 그분께 드렸습니다. 돈, 학위, 증권, 명성, 행운 등 내 배를 불리고 입맛을 만족시키는 것들이었습니다. 그러나 그런 음식은 영혼을 먹이고 영적 굶주림을 해결해 주는 참된 음식이 될 수는 없었습니다. 주님은 나를 쳐다보며 말씀하셨습니다.

---

[2] 이 글은 로버트 멍어 박사가 쓴 「내 마음 그리스도의 집」이라는 소책자의 내용입니다.

"만일 네가 진정으로 너를 만족시켜줄 음식을 원한다면, 하늘에 계신 아버지의 뜻을 행하여라. 그분이 기뻐하시는 것을 네가 좋아하는 것보다 앞세우거라."

거실

안락한 의자, 책장, 벽난로 등의 거실을 보고 주님은 만족하신 듯 보였습니다. 그리고 자주 이 방에 와서 대화하며 함께 교제를 나누자고 하셨습니다. 매일 아침 일찍 나와서 나와 함께 일과를 시작하자고 하셨고, 우리는 매일 성경을 함께 읽었으며 놀라운 구원의 진리를 나누었습니다. 그러나 점차 나는 바빠졌고 -시험, 직장일 등- 주님과의 약속을 지키지 못하게 되었습니다. 어느 날 아침, 중요한 일로 황급히 계단을 내려가다가 주님께서 홀로 거실에서 불을 지피고 앉아계신 것을 보았습니다. 주님은 매일 주님과의 만남이 나의 영적 성장뿐만 아니라 주님에게도 중요하다고 하셨습니다.

"내가 너를 사랑한다는 것을 기억하거라. 나는 막대한 값을 치르고 너를 구속했고, 너와 교제하는 것을 귀하게 생각한단다. 네가 내 얼굴을 보기만 해도 내 마음이 따스해지지."

작업실

주님은 나의 작업실을 보기 원하셔서, 나는 변변찮은 작업실을 보여드렸습니다. 연장을 구비하기는 하였지만, 내가 실제로 만든 것은 자그마한 장난감 정도였습니다.

"네가 그리스도인으로 생활하면서 남을 위해 만든 것이 고작 이런 것들이냐?"라고 물으셨을 때에 너무 부끄러웠고 한편으로 나에게 별다른 기술이 없다고 변명하였습니다.

"더 잘하고 싶으냐? 먼저 내가 너희에게 가르쳐준 것을 기억하도록 하여라. 너희는 나를 떠나서는 아무것도 할 수 없다."

그리고는 그분은 나의 뒤에서 나의 손을 붙잡고 같이 작업하기 시작하였고, 우리가 만든 것은 이전에 내가 상상할 수 없었던 놀라운 것이었습니다.

오락실

나는 나만이 주님과 별개로 간직하고 싶었던 여흥, 교제들이 있었습니다. 주님은 나와 같이 그러한 오락을 하자고 하셨으나 난 그분과 같이 갈 수가 없었습니다. 그분을 떼어 놓은 채 혼자서 그 여흥을 즐기곤 하였지만 점점 나는 행복하지 않았습니다. 어느 날 나는 잘못하고 있음을 깨달았습니다. "저는 당신 없이는 행복한 시간을 보낼 수 없습니다. 앞으로는 제 일을 함께 하도록 하겠습니다." 주님은 나의 고백에 진정한 기쁨, 참 행복과 만족, 우정을 내 삶에 넣어주셨습니다. "기억하거라. 내가 온 것은 나의 기쁨이 너희 안에 있게 하고, 또 너희의 기쁨이 넘치게 하려는 것임을..."

침실

주님은 제 침실의 여자 친구 사진을 보셨습니다. 나는 여자 친구와 몇 가지 문제가 있었으나 주님께 말하기 쑥스러웠습니다. 주님은 먼저 아시고 '내가 간음과 혼전 성관계를 금하는 것은 성이 나쁜 것이 아니라 좋은 것이기 때문이란다. 성은 사랑으로 묶어주고 생명을 탄생케 하는 창조적인 능력이 있을 뿐더러 아주 강력한 힘이 있단다. 성이 제대로 사용되면 굉장한 선을 이룰 수 있지만 그렇지 않으면 인격을 파괴시키고 말지. 이런 이유로 나는 사랑하는 반려자와의 약속 안에서만 성을 경험하도록 의도한 거란다."

벽장

어느 날 주님은 집안에서 이상한 냄새, 뭔가 죽어있는 듯한 냄새가 난다고 하셨습니다. 나는 곧 그것이 내가 자물쇠를 채워둔 비밀스런 개인적인 벽장이라는 것을 알았습니다. 하지만 나는 그분께 그 더러운 나의 물건들이 감춰

진 곳을 보여드리고 싶지 않았고, 그 벽장열쇠를 드리지 않았습니다. 주님은 집안에서 나는 썩는 냄새가 심해지자 집 안에 오래 머물 수 없다고 하셨습니다. 나는 주님과의 교제가 끊어지는 것이 싫어서 슬픈 마음으로 더러운 벽장의 열쇠를 내어드리며 곧 치우겠다고 하였습니다. 그러자, "네게 그럴 능력이 없다는 것을 알고 있다. 내가 하마." 주님은 그 벽장을 정결케 하시고 페인트칠을 하셨습니다. 내가 과거에 어떤 죄를 지었든지 또 어떤 상처를 갖고 있든지, 예수님은 나를 용서하시고 치료해서서 나를 온전케 하실 준비가 항상 되어 있으셨던 것입니다.

명의 이전

주님이 오셔서 내 집이 깨끗해지긴 하였지만 여전히 방에는 먼지가 쌓이고 나는 이방 저방 청소하기에 너무 힘들어졌습니다. "주님, 이 집 전체에 대한 책임을 당신이 지고서, 그 벽장을 치우셨듯이 저를 위해서 이 집을 다스려주실 수 있습니까?" 주님은 흔쾌히 승낙하셨으며 덧붙여서 "나는 이 집의 손님일 뿐 주인이 아니다. 내게는 일을 수행할 권한이 없다. 건물이 내 소유가 아니니까 말이다." 그래서 나는 재빨리 "이제까지는 제가 이 집의 주인이었지만, 이제부터는 제가 하인이 되겠습니다. 당신이 저와 이 집의 주인이 되어주십시오." 그분은 그날 나의 삶을 받으셨습니다. 영원토록 나는 그분의 것이요, 그분은 나의 것입니다.

1) 이 글을 읽고 마음에 와 닿는 부분이 있다면 무엇입니까?

2) 나는 예수님을 손님으로 모십니까? 주인으로 모십니까?

2. 경건의 시간

주님은 조용한 시간에 나에게 찾아와 자신을 나타내시고 자신의 뜻을 계시하십니다. 우리는 주님과의 교제를 통해 하나님을 알아가고 그분을 닮아가며 아버지 하나님의 마음과 뜻을 알고 그분의 인도를 받습니다. 조용한 시간에 내 무거운 짐들이 풀어지며 마음이 쉼을 얻고 내 영혼이 새로운 영적 힘을 얻습니다. 우리는 이 시간에 하나님으로부터 공급받는 힘으로 사막 같은 이 세상을 감격과 기쁨 가운데 살아갑니다. 매일 하나님과 동행하는 삶은 참으로 복되고 즐거운 삶입니다. 때로는 고난과 어려움이 있기도 하지만 이 모든 것을 참고 이기며 살 수 있는 힘을 하나님으로부터 경건의 시간을 통해 공급 받습니다. 하나님이 쓰시는 믿음의 사람들은 모두가 한결같이 하나님과 교제를 통해 그분의 뜻을 알고 주님이 주시는 힘으로 이 세상을 이기며 하나님의 뜻을 실현해 나갔습니다.

1) 우리가 매일 하나님의 은혜와 인도를 받으며 생활하기 위해서는 어떻게 해야 합니까? 다음 성경을 읽고 각자 적용해 봅시다.

📖 시편 143:8

📖 베드로후서 3:18

📖 시편 32:8

2) 시간

　경건의 시간은 내가 개인적으로 하나님과 교제하는 시간이기 때문에 사람의 방해를 받지 않는 시간이 좋을 것입니다. 어떤 이는 새벽이나 밤이, 어떤 이는 오전 10시나 11시가 좋을 것입니다. 이렇듯 개인마다 선호하는 시간이 다를 것입니다. 그러나 가능하면 아침에 일어나자마자 첫 시간에 주님과 교제하는 것이 가장 좋습니다. 또한 경건 시간의 생명은 규칙성과 지속성에 있습니다.

　성경에서 예수님의 '듣는 삶'을 자세히 살펴보면 한 가지 분명한 유형이 있습니다. 그분은 꾸준히 하나님과 시간을 보내셨습니다. 기도하고 들으셨습니다. 마가는 "새벽 오히려 미명에 예수께서 일어나 나가 한적한 곳으로 가사 거기서 기도하시더니"(막 1:35)라고 증거합니다. 누가는 "예수는 물러가사 한적한 곳에서 기도하시니라"(눅 5:16)고 했습니다.

📝 예수님께서도 기도시간을 이렇게 중시하셨다면 우리도 그 길을 따르는 것이 현명하지 않겠습니까?

📖 마가복음 1:35

📖 시편 5:3

3) 장소

　외부의 방해를 받지 않는 조용한 곳이 좋습니다. 주위가 산만하지 않는 일정한 장소를 택하십시오. 그리하여 경건의 시간을 습관화(생활화)하십시오. 예수님과 다니엘의 경건의 장소는 어디였습니까?

　📖 마가복음 1:35

　📖 다니엘 6:10

4) 당신은 마음의 쉼을 위해 언제, 어디서 경건의 시간을 가지시겠습니까?

3. 말씀 먹기

　말씀을 먹을 때에는 어떤 문장을 지어 내거나 기도를 창작할 필요가 없습니다. 다만 말씀을 먹을 뿐입니다. 읽는 그대로, 성경 말씀을 기도하면서 읽습니다. 그때 당신은 온 성경이 영의 양식이며 기도의 책이라는 것을 알게 될 것입니다. '주님의 기도'만이 기도가 아니라 온 성경이 기도입니다. 성경의 어떤 장, 어떤 행, 어떤 단어이든지 그 말을 가지고 기도하는 마음으로 말씀을 읽으십시오. 주님 앞에서 매일 삼십 분 동안 이런 방법으로 말씀 먹기를 계속한다면, 당신은 빛과 수분과 양분과 신선함과 강함과 만족을 얻을 수 있음을 알게 될 것입니다. 이러한 삼십 분으로부터 당신은 하루 온종일을 지속해 갈 수 있는 영적 식사를 하게 될 것입니다.

비록 당신이 그 말씀을 이해하지 못하더라도 하나님의 말씀에는 하나님의 성분이 들어 있으므로, 당신은 양육될 것입니다. 하나님 말씀을 읽음으로써 당신은 하나님의 영의 힘을 흡수하게 될 것입니다. 성경을 배우려 들지 마십시오. 이것은 생명의 책이지 지식의 책이 아니라는 것을 명심해야 합니다. 이 책은 산 영의 거룩한 실체화요, 생명입니다. 올바른 방법은 연구하고 배우는 것이 아니라, 말씀을 먹음으로 우리 영을 훈련해서 하나님의 말씀을 흡수하는 것입니다.

1) 위 글을 읽고 말씀을 먹는다는 것이 무엇인지 써보세요.

2) 말씀을 먹을 때의 유익은 무엇일까요?

4. 경건의 습관

　브라이언 트레이시는 세계 최고 수준의 비즈니스 컨설턴트입니다. 그는 해마다 세계적으로 25만 명에게 자기경영 비결을 전수하는 자기경영의 대가입니다. 그러나 과거의 그는 아버지가 실업자여서 돈 구경을 제대로 할 수 없었습니다. 10세 때부터 이웃집 잔디를 깎고 신문을 배달하는 등 닥치는 대로 일했습니다. 고등학교 중퇴 후 몇 년간은 제재소에서, 숲에서, 공장에서, 화물선에서 막노동을 했습니다. 오래지 않아 그런 일들도 바닥났습니다. 그래서 얻게 된 게 방문 판매원이었습니다. 여기저기를 부지런히 돌아다녔지만 싸구려 여인숙을 전전할 뿐이었습니다. 심지어 거리에서 밤을 지새우기도 했습니다. 그러던 어느 날, 왜 어떤 사람은 성공하고 어떤 사람은 실패할까 하는 생각이 들었습니다. 그는 즉시 자기 회사에서 가장 성공한 세일즈맨을 찾아가서 판매비결을 물었습니다.

　책도 읽고 테이프도 듣고 세미나에도 참석했습니다. 그리고 배운 대로 실행했습니다. 판매실적이 오르기 시작했습니다. 좋은 목표를 세우고 좋은 습관을 들이는 것이 성공의 지름길임도 알게 됐습니다. 그는 좋은 습관을 들이기 위해 자신의 삶을 과감하게 구조 조정했고 그러자 목표가 성취되는 성공이 뒤따랐습니다.

　이처럼 성공하게 하는 습관이 따로 있는 것입니다. 육체를 건강하게 하는 습관이 있는가 하면 병들게 하는 습관이 있습니다. 삶을 성공하게 하는 습관이 있는가 하면 실패하게 하는 습관이 있습니다. 마찬가지로 우리가 하나님 안에서 성공하기 위해서도 하나님의 뜻에 따른 성공의 법칙이 있습니다. 그것은 경건을 습관화하는 것입니다. 우리가 경건을 습관화하려면 우선 우리 마음에 하나님의 말씀을 충만하게 채워야 합니다. 그리고 말씀에서 신앙의 원리를 발견하고 그 원리에 따라 살 수 있도록 기도로 능력을 덧입어야 합니다.

1) 앞의 글을 읽고 어떤 생각이 드는지요?

2) 경건의 습관이 주는 유익은 무엇인지 살펴보고 자신의 경우는 어떠한지 살펴봅시다.

📖 딤전 4:8 육체의 연습은 약간의 유익이 있으나 경건은 범사에 유익하니 금생과 내생에 약속이 있느니라

5. 오늘 새롭게 깨달은 것을 나누어 봅시다.

🚚 숙제 : 이번 주부터 매일성경으로 큐티를 시작하십시오. 매일성경 맨 앞장에 나와있는 '큐티를 위한 지침'을 읽어보고 시작하기 바랍니다.

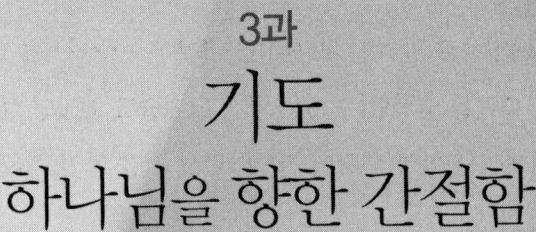

3과
기도
하나님을 향한 간절함

기도 - 하나님을 향한 간절함

볼펜의 대명사로 알려진 모나미 153볼펜은 1963년 5월 1일에 탄생했습니다. 볼펜을 생산할 수 있는 공장도 기술도 없었던 상태에서 도산의 위기에서 송삼석 회장이 기도하면서 직접 붙인 이름인 것입니다.

회사가 가장 어려웠을 때 당시 제조업체 사장인 송삼석 회장이 기도원에 올라가서 기도를 했습니다. 기도하면서 생각해보니 그간 사업을 하면서 하나님 앞에 범죄한 게 너무 많더라는 것입니다.

첫째, 주일성수를 하지 않았던 것입니다. 그래서 그는 철저히 회개했습니다. "이제부터 주일 성수 하겠습니다."

둘째, 돈을 많이 벌고도 십일조를 안했습니다. 그래서 그는 "하나님의 것을 떼어 먹었습니다. 이제부터 십일조를 하겠습니다."라고 회개했습니다.

셋째, 새벽기도 하지 않은 것을 회개했습니다.

"내가 새벽마다 주님 앞에 기도하지 않았습니다. 기도하기를 쉬는 죄를 범했습니다. 이제 새벽기도를 하겠습니다."

이렇게 기도하고 난 다음에 하나님의 말씀을 읽고 있는데, 요한복음 21장 1-14절의 말씀에 영감을 얻었습니다. '베드로가 예수님이 지시한 곳에서 그물을 던졌더니 153 마리의 고기를 잡았으나 그물이 찢

어지지 않았다.' 그래서 그는 하나님 앞에서 이렇게 기도했습니다.

"하나님, 제가 '모나미 153'이라는 볼펜을 만들겠습니다. 하나님, 이 볼펜이 모든 사람의 손, 전 세계에 있는 모든 사람의 손에 다 들려지기 원합니다."

기도하고 난 후 그는 목표를 크게 잡고 "50억 자루가 팔리게 해 주세요!"라고 기도를 마쳤습니다. 망해가는 회사가 볼펜 50억 자루를 판다는 것이 쉬운 일이 아닐 텐데 통계에 따르면 50억 자루 이상이 팔렸다고 합니다.

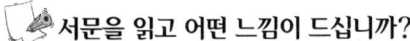 서문을 읽고 어떤 느낌이 드십니까?

1. 기도란

로마의 전성기 때 어느 황제가 전투에서 승리하고 많은 군대와 포로, 전리품들을 가지고 귀환하면서 로마시가지를 행진하고 있었습니다. 거리는 사람으로 가득 찼고 궁전 앞에는 황제를 맞이하기 위한 높은 단이 마련되어 있었습니다. 그 위에 황후와 자녀들이 앉아있었습니다. 멀리서 황제가 탄 전차가 오니 어린 왕자가 단에서 뛰어 내려가 아버지에게 달려갑니다. 황제는 군인들과 환호하는 백성들에게 둘러싸여 있기 때문에 어린 왕자는 군중과 군병들을 간신히 헤치고 그 가운데 있는 황제인 아버지에게로 가려했으나 병사는 그를 막으며 혼내

줍니다.

"이럼 못써! 저분이 누구시라고 감히…… 저분은 황제이시다."

소년은 병사를 보며 웃으며 "저분이 너에게는 황제이신 줄 모르나 내게는 아버지시다."라고 말했습니다.

그렇습니다. 하나님께서는 분명 높으신 하나님이시나 또한 우리의 아버지이십니다. 이 세상에서 하나님을 "아빠"라고 부를 수 있는 특권과 지위를 가진 사람은 그리스도인 밖에 없습니다. 이 놀라운 관계는 우리가 예수 그리스도의 피로 구원 얻었기에 가능합니다. 우리는 우리 아버지께 친근하게 다가가 기도하고 구할 수 있는 것입니다.

1) 나는 기도를 무엇이라고 생각하고 있었는지요? 위의 글을 읽고 느낀 점을 나눠봅시다.

2) 성경에서는 기도를 무엇이라고 하는지 다음의 성경구절을 통해 살펴봅시다.

📖 요한복음 14:13-14

📖 마태복음 6:10

2. 기도해야 할 이유

1) 다음에 나오는 기도에 관한 글을 보고 나에게 부족한 기도의 자세가 있었다면 그것은 무엇인지요?

　① 교만 중에 가장 무서운 교만은 기도하지 않는 교만이다.
　② 기도는 하나님 앞에서 가장 낮은 자세로 엎드리는 영적인 낮은 포복이다.
　③ 기도자가 피해야 할 교만은 기도 많이 한다는 교만이다.
　④ 기도는 하나님을 설득하는 것이 아니라 그분의 인격, 사상, 그리고 사역에 감화되어 하나님께 설득되는 것이다.
　⑤ 기도를 통해 변하는 것은 하나님이 아니라, 기도자 자신이 하나님이 원하는 아들의 모습으로 변하는 것이다.
　⑥ 기도자는 바른 기도를 통하여 자기 중심에서 벗어나 점점 더 하나님 중심의 사람으로 바뀐다.
　⑦ 기도는 자기의 욕심이 아니라, 나를 향한 하나님의 주권적인 뜻과 인생 청사진을 이루어 가는 것이다.
　⑧ 기도가 없을 때에 마음은 세상 것으로 무거워지고, 기도가 있을 때 마음은 성령과 하늘의 것으로 충만하다.
　⑨ 기도는 언뜻 보면 좁은 길처럼 보이나 자세히 보면 넓은 길이다.
　⑩ 기도는 우회도로처럼 보이나 실상은 지름길이다(요령, 약삭빠름, 잘남보다 더 빠르다).
　⑪ 세상의 성공에는 후유증이 있으나 기도에는 후유증도 뒤탈도 전혀 없다.

⑫ 기도 자체는 무능이나 하나님은 기도의 무능을 통해 역사를 이루어 가신다.
⑬ 기도 없는 곳에 사람만 일하고, 기도 있는 곳에 하나님이 일하신다. 그래서 기도가 없는 곳은 사단의 잔칫집이고, 기도가 있는 곳은 사단의 초상집이다.
⑭ 기도자가 하나님께 드리는 최고의 선물은 자기 자신을 있는 그대로 드리는 것이다.
⑮ 기도는 예수님을 닮는 최상의 방편이다.
⑯ 기도는 성공적인 삶을 위한 수단이 아니라, 삶의 본질이다.

2) 나는 그동안 어떤 마음으로 기도해 왔는지 살펴봅시다.

3. 기도의 모델 - 주기도문

"무언가에 대해 진정으로 알기를 원하면 전문가에게 물어보라."는 옛 격언이 있습니다. 그러니까 만일 농구에 대해 알고 싶으면 마이클 죠단에게 물어보아야 하고, 골프에 대해 알고 싶으면 타이거 우즈에게, 성공적인 기업을 경영하기 원하면 빌 게이츠에게, 정치에 대해 알기 원하면 정당이나 정치인을 찾아가 보아야 합니다.

아랫배에 통증이 느껴져서 맹장염을 의심하는 사람이 배관공을 찾아가지는 않습니다. 차가 이상한 잡음을 내는데 목사님께 전화하는 사람은 없습니다. 정원의 애지중지하는 나무가 시들어 가는데 수의

사를 찾을 사람이 어디 있습니까? 무슨 필요가 생겼을 때 그 분야의 전문가를 찾아가는 것이 가장 현명하다는 것은 상식입니다.

그렇다면 우리가 기도하는 방법을 진정으로 알기 원한다면 그 분야의 전문가인 예수 그리스도께 가야 합니다. 어느 날 열 두 제자가 우연히 예수님께서 혼자 기도하고 계신 것을 보았습니다. 그들은 예수님의 간절하고도 열렬한 기도에 감동 받아 기도가 끝났을 때 제자 중 하나가 멋쩍은 듯이 물었습니다. "저희들에게 기도하는 법을 가르쳐 주시겠습니까?" 이 말은 마치 이렇게 말하는 것과 같습니다. "당신의 기도하는 소리를 들으니 우리가 배울 것이 많다는 것을 깨달았습니다. 우리는 기도학교의 초년생이나 다름없습니다. 저희들에게 기도하는 법을 가르쳐주십시오."

그들은 전문가에게 물어 보았고 예수님은 대답해 주셨습니다. [3]

1) 주기도문은 우리가 구해야 하는 기도 내용에 대해 가르치고 있습니다. 마태복음 6장 9-13절을 가지고 기도의 우선순위에 대해 살펴봅시다.

📖 마태복음 6:9-13

---

[3] 빌 하이벨스 성경공부 시리즈 중에서

2) 하나님의 영광을 위해 먼저 구해야 할 것 3가지는 무엇입니까?

3) 우리의 필요를 위해 그 다음으로 구해야 할 것 4가지는 무엇입니까?

4. 기도의 제목

저는 좋은 고등학교를 다녔습니다. 그러나 대학 진학 때가 되었을 때 제 성적은 제가 원하는 대학에 갈 점수가 되지 못했습니다. 고민 끝에 하향 지원해 생각지도 못했던 대학에 가게 되었습니다. 그런데 이 대학에서 일생 가장 친하게 지낼 친구를 만나게 되었습니다. 이 친구가 얼마나 매력이 있었던지 나는 이 친구에게 부탁해 자진해서 이 친구가 나가는 교회에 열심히 출석하게 되었습니다. 이 교회는 남대문시장 건너편 남산 자락에 있던 조그마한 교회였습니다. 이 교회에서 저는 신학교 졸업 후 유년 교회학교 전도사로 갓 부임한 전도사님 한 분을 만나게 되었습니다. 이분은 유년부보다 대학생에게 관심이 많아 대학부를 시작했습니다. 이분 밑에서 나는 신앙훈련이라는 것을 받게 되었습니다. 이분이 나중에 제자 훈련으로 유명해진 사랑의 교회 원로 옥한흠 목사님이셨습니다. 당시 같이 훈련 받은 친구, 선후배들은 나의 평생 동역자들이 되었고 내 삶과 가치관에 지대한 영향을 주었습니다. 나는 한 친구를 통해 일생의 스승과 동료, 그리고 신앙훈련과 가치관을 얻은 셈입니다.

저는 35년 전 이맘 때 대학을 놓고 고민 하던 당시를 돌이켜봅니다. 제가 만약 성적이 넉넉했다면 어떤 일이 일어났을까요? 제가 부러워했던 성적을 가진 친구 하나는 제가 원했던 대학에 합격했습니다. 저는 그 뒤 그 친구 소식이 궁금했는데 나이 40쯤 되었을 때 그 친구의 전화를 받았습니다. 그는 출소한 뒤 보험을 모집하고 있었고 저의 도움을 청하려 전화한 것이었습니다. 들어가기 어려운 대학일수록 운동권이 거센 때였는데 머리 좋은 그는 거기에 들어가게 되었고 결국 교도소에 갔던 것입니다. 인생에서 성공한다는 것은 무엇이고, 진정 부러워해야 하는 것은 무엇인가 생각하게 한 사건이었습니다.

저는 오히려 부족했기에 좋은 친구를 만날 수 있었습니다. 그리고 이 친구와의 만남으로 하나님이 준비해 주신 성공적 인생 속으로 발을 들여놓을 수 있었습니다. 그래서 저는 제 아이들을 위해 기도할 때 남들이 부러워하는 길을 위해 기도하지 않습니다. 오히려 하나님 보시기에 좋은 길로 인도하시도록, 그리고 꼭 만나야 할 사람을 만날 수 있도록 기도합니다. 일시적으로 더 못해 보이더라도 하나님 보시기에 필요한 길로, 또 바른 영향을 줄 친구나 목사님을 만나도록 기도합니다. 저의 부모님의 기도 덕분에 제게 좋은 만남이 이루어졌던 것처럼 이 기도가 제 아이들에게 해 줄 수 있는 최선의 도움일 것이라고 믿으며….

---

4) 이 글은 이랜드그룹 회장인 박성수씨의 기도에 관한 사연입니다.

1) 위의 글을 보며 내 마음에서 진정으로 원하는 기도제목은 무엇
   인지 생각하고 적어봅시다.

2) 그 기도제목이 하나님 보시기에 합당하지 않다면 어떻게 하시
   겠는지요?

5. 오늘 새롭게 깨달은 것을 나누어 봅시다.

4과
기도 응답

기도 응답

　미국에서 아폴로 제13호를 발사했을 때의 일입니다. 세계에서 제일 가는 과학자들과 기술자들이 협력해서 만들어 낸 이 우주선이 고장 날 수 있는 확률은 일백만 분의 일, 거의 제로에 가까울 정도로 완벽한 우주선이었습니다. 그런데 이 아폴로 13호가 창공을 향해서 약 2만 마일 정도 올라갔을 때, 갑자기 산소통이 터져 버렸습니다. 더 이상 임무를 수행할 수 없는 지경에 다다르고 말았을 뿐만 아니라 갑작스런 산소통의 폭발로 방향을 알리는 계기가 작동을 중지하고 말았습니다. 잘못 하다가는 아폴로 13호가 우주 속에서 영원한 미아가 될 수밖에 없는 처지에 놓이게 되었습니다.
　급하게 SOS를 보냈으나 지상에서도 속수무책이었습니다. 어떻게 할 도리가 없었습니다. 그러나 실망을 줄 수가 없기 때문에 이렇게 메시지를 보냈습니다.
　"북극성을 바라보고 방향을 잡아라."
　그러나 사실 그 말은 우리가 아무것도 할 수 없으니까 그저 힘닿는 대로 최선을 다해서 돌아오라는 뜻이었습니다. 이 소식은 미국 전역에 퍼졌습니다. 대통령과 국회의원들은 국민들에게 안타까움을 호소했습니다.
　"내일 아침 9시를 기해 아폴로 13호의 무사귀환을 위해서 전 국민이 하나님께 기도합시다!"

드디어 그 다음날 아침 9시가 되었습니다. 대통령으로부터 아래로는 어린 아이에 이르기까지 모두가 두 손을 모으고 아폴로 13호의 무사귀환을 바라면서 하나님께 간절히 기도했습니다.

놀라운 일이 벌어졌습니다. 아폴로 13호는 예정된 그 지점에 정확하게 떨어진 것입니다. 생각해 보십시오. 북극성을 바라보고 온다는 것, 방향을 알리는 계기가 작동되지 않는 상태에서 돌아온다는 것은 이론적으로 도저히 불가능한 일일 수밖에 없는 것입니다. 하나님께서 돌보아 주시지 않으면 도저히 돌아올 수 없는 일입니다. 기적 가운데 기적이었습니다.

아폴로 13호 승무원들은 자기들을 기다리고 있는 함대에 올라탔습니다. 그리고는 전 국민이 T.V를 시청하고 있는 가운데 승무원 모두가 손에 손을 잡고 고개 숙여서 외친 첫마디는 "오, 하나님 감사합니다!"였습니다. 그 모습을 지켜보고 있던 전 미국 시민들도 똑같이 감격스러운 마음으로 하나님께 감사의 기도를 드렸습니다. 하나님을 향한 믿음의 기도는 이토록 놀라운 것입니다.

📝 **서문을 읽고 어떤 생각과 느낌이 드십니까?**

1. 기도 응답

고래잡이를 위해 케이프혼을 떠나 항해 중이었습니다. 어느 날 남쪽에서 강풍이 정면으로 불어오고 있었습니다. 계속 이 방향으로 돛을 세웠지만 오전 내내 거의 전진하지를 못했습니다. 11시경 저에게 이런 생각이 떠올랐습니다. '혹시 하나님이 파도를 통해 막으시는 것은 아닐까? 바람을 거스르지 말고 바람을 따라가 보자.' 이런 생각 끝에 뱃길을 돌려 남으로 가지 않고 북으로 항해하기 시작했습니다. 1시간 뒤인 정오에 뱃머리에서 감시원이 "전방에 보트들이 보인다."라고 소리치더군요. 4척의 구명정을 발견했는데 거기에는 10일 전에 화재로 파선한 배에서 생존한 승무원 14명이 있었습니다. 그들은 구명정을 타고 계속 표류하면서 필사적으로 하나님께 구조를 간구하고 있었습니다. 우리가 도착했을 때는 그들을 구조하기에 가장 아슬아슬한 시간이었습니다. 하루만 더 늦었어도 그들은 살아남지 못했을 것입니다. 저는 구조를 받은 그들에게 이렇게 말했습니다.

"저는 매일 하나님께서 저를 다른 사람을 돕는 일에 써 주실 것을 기도하면서 일과를 시작해 왔습니다. 그리고 그날 나의 뱃길을 돌리도록 하나님께서 내 마음속에 생각을 넣어 주셨다고 확신합니다. 그 생각이 당신들 14명의 생명을 구했던 것입니다."[5]

1) 위 글을 읽고 기도 응답에 대해 어떤 생각이 떠오르는지 나누어봅시다.

---

[5] 무릎으로 사는 그리스도인 중에서

2) 기도 응답에 대해서 성경은 무엇이라고 말하는지 찾아봅시다.

📖 마태복음 7:7-12

📖 로마서 8:32

📖 에베소서 3:20

3) 당신은 기도 응답을 받은 경험이 있습니까? 함께 나누어 봅시다.

2. 기도의 방해요소

1) 기도의 방해요소는 무엇입니까? 다음 말씀을 읽고 답해보세요.

📖 마태복음 5:23-24

📖 누가복음 10:41

2) 당신이 그동안 구체적으로 기도를 하지 못한 이유는 무엇입니까?

3. 기도의 여섯 가지 비밀

1) 시선의 중심을 하나님께로, 나의 요구에는 가벼운 눈길을

　만약 당신이 당신의 요구들을 먼저 주시한다면, 그 요구들이 당신의 기도를 지배할 것입니다. 당신의 마음과 삶을 지배하는 아픔을 위해 기도하는 것은 중요합니다. 그러나 하나님은 당신의 생각이나 판단보다 더 크고 귀한 뜻으로 당신을 인도하십니다. 그러므로 하나님의 시선을 주시하며 그 관점과 뜻을 알게 해달라고 기도하십시오.

2) 기도가 첫 번 선택이 되도록

무슨 일을 하든지 최우선으로 그 일을 하나님께 맡겨야 합니다. 그것은 당신이 당신의 모든 앞길에 대하여 하나님을 인정하고 먼저 하나님의 나라를 구한다는 말입니다. 그때 하나님은 당신의 생애를 책임지십니다.

3) 위기의식보다는 하나님을 신뢰하는 마음으로

기도는 위기에 사용되는 마지막 수단이 아닙니다. 우리가 하나님을 신뢰하며 말씀에 따라 살아간다면 하나님은 위기에서 우리를 보호해 주실 것입니다. 신뢰하는 기도란, 어떤 일이 발생하기 전에 하나님께 근거를 두고 먼저 기도로 준비하는 것입니다. 그러나 위기의식에 의한 기도는 문제가 발생한 이후에 하나님의 뜻을 찾는 기도입니다.

4) 성령 안에서, 성령에 의하여

성공적인 기도의 전제는 내 속에 내주하시는 성령을 의지하는 기도입니다. 능력있고 진실된 기도는 성령님의 인도하심과 지혜와 능력을 입는데서 이루어집니다.

5) 하나님을 찬양하는 마음으로

우리가 하나님을 찬양하는 것보다 더 귀한 것은 없습니다. 모든 기회나 환난이나 곤고함 속에서도 찬양을 드려야 합니다. 찬양은 하나님이 우리를 사랑하시며 돌보시고 계심을 알 때에 가능합니다. 또한 하나님께서 우리의 안녕을 위하여 여러 가지를 예비하심을 기억할 때 찬양을 드릴 수 있습니다. 더 나아가 우리가 하나님을 발견할 수 있도록 우리를 당신에게 이끄심을 바라볼 때 찬양이 나오는 것입니다. 이것은 순수하게 하나님만을 높이는 기도인 것입니다.

6) 대략이 아니라 상세하게
   (다음내용은 개인,가족,교회,사회,나라를 위한 기도의 예입니다)
   - 가족의 건강과 아이들의 전인적인 성장에 하나님께서 간섭해 주시옵소서.
   - 하나님의 뜻대로 교회를 잘 섬길 수 있도록 지혜, 순전함, 헌신, 건강, 그리고 믿음의 동역자를 주시옵소서.
   - 영적 지도자들이 깨어 기쁨으로 섬기게 하옵소서.
   - 성도들이 세상 것(돈, 명예, 쾌락, 권력)에 휘둘리며 살지 않고 믿음으로 살게 하옵소서.
   - 기도, 전도, 말씀 중심의 신앙생활에 최선을 다하게 하옵소서.
   - 한국의 목회자들이 회복되고 저들의 교회와 가정이 부흥되게 하옵소서.
   - 기독교 기관들이 영향력을 발휘하는 기관이 되게 하여 주옵소서.
   - 그리스도인들이 영적, 육적으로 깨끗하고 순결한 삶을 살도록 인도하시고 붙들어 주소서.
   - 영, 육으로 가난하고 병들고 굶주린 자들에게 주님의 은총을 부어 주시옵소서.
   - 한국의 목회자, 이 땅의 선교사들이 아름답게 사역하도록 붙들어주소서.
   - 이 땅에 주님을 섬기는 백성이 많아지게 하소서.

   📝 **당신의 기도제목을 구체적으로 적어보고 위의 6가지 비밀에 따라 매일 기도하고 기도제목이 어떻게 응답되는지 확인해 봅시다.**

4. 오늘 새롭게 깨달은 것을 나누어 봅시다.

5과
교제
그리스도 안에서의 나눔

교제 - 그리스도 안에서의 나눔

　인간관계라는 것은 참 어려운 문제입니다. 주위를 살펴보면 다른 이들을 피곤하게 하는 사람이 있는가 하면 오히려 기쁨을 주고 용기를 북돋워주는 사람이 있습니다. 함께 있는 것 자체가 힘들고 남에게 고통을 주는 사람이 있는가 하면, 안 보면 보고 싶고, 또 만나고 싶은 사람이 있습니다.

　나는 목사로서 성도들의 신앙과 믿음 생활이 흔들릴 때마다 제일 가슴이 아픕니다. 그래서 왜 흔들리는지 그 이유를 살펴보았습니다. 놀랍게도 성도들은 인간관계에 문제가 생길 때, 특히 신앙생활을 먼저 시작하신 분들의 삶이 올바르지 못할 때 많이 실망하고, 그분들이 자신들에게 사랑으로 도움을 주지 못할 때 교회 생활에 회의를 느끼는 것 같습니다.

　한 번 깊이 생각해 봅시다. 우리는 누구나 다른 사람들이 나를 친절하게, 사랑과 정성으로 대해주고, 유쾌하게 대해 주기를 바라는 마음이 있습니다. 그러나 유감스러운 것은 정작 내가 그런 사람이 되는 것, 내가 남을 유쾌하게 하는 것에 대해서는 무관심하다는 것입니다. 이는 우리가 아직 그 수준까지 성장하지 못했기 때문입니다. 그래서 우리는 계속 기대하고 상처받고 고통당하며 괴로워하는 것입니다. 이것이 문제입니다.

그래서 당신에게 제안합니다. 상처받은 그 괴로움에 머물지 말고 당신을 사랑하시며 위로하시는 하나님을 먼저 바라보시기를, 그리고 당신의 아픔을 통해서 느낀 고통을 인식하면서 다른 사람을 먼저 위로하는 손길을 내미시기를, 상처입은 치유자로서 살아가기를 제안합니다.

우리는 모두 부족하기에 도움의 손길을 기다리고, 연약하기에 치유의 은혜를 기다리며, 죄인이기에 구원의 은총이 필요합니다.

> 서문을 읽고 어떤 느낌이 드시는지요? 당신은 공동체에서 위로와 격려를 나누고 있습니까?

1. 교제의 신학

교제라는 말은 같이 사귀는 관계, 서로 친밀히 사귀는 것을 말합니다. 그러나 그리스도인들이 함께 사는 것은 결코 쉬운 일은 아닙니다. 왜냐하면 우리는 부비면 가시로 찌르게 되는 고슴도치처럼 가까울수록 상처를 주는 사람들이기 때문입니다. 하지만 예수 그리스도는 원수들 가운데서 살았습니다. 그는 결국 자기의 제자에게 버림받았고, 십자가 위에서 악당들과 조롱하는 자들에게 둘러싸여 완전히 홀로 있었습니다. 그가 온 목적은 하나님의 원수들에게 평화를 주려는 것이었습니다. 그러므로 그리스도인들은 은둔 생활이 아니라, 원수들 가운데서 살아야 합니다. 거기에 우리의 사명과 일이 있는 것입니다. 이러한 그리스도인들의 교제는 삼위일체 하나님의 교제에 근거하고 있으며 그리스도와 성령과의 교제가 신자들 간의 교제의 창조적 바탕이며 기둥입니다.

진정한 의미의 교제는 예수 그리스도를 중심에 두고 사귀는 것이요, 성경안에서 예수 그리스도를 서로 나누는 것이며, 예수 그리스도 안에서 이루어지는 것을 말합니다. 이러한 성도의 교제는 신자와 그리스도와의 관계에 기초하고 있습니다. 성도의 교제는 어떤 인간적 유익을 위한 것이 아니며, 인간적 사귐이 아니며, 또한 우리 자신에 의해 이루어진 것이 아닙니다. 철저히 그리스도 안에서 그리스도를 위해, 그리스도로 말미암아 확립된 것입니다.

이것은 첫째로 그리스도인은 누구나 예수 그리스도 때문에 다른 사람이 필요하다는 것입니다. 둘째로 그리스도인은 누구나 예수 그리스도를 거쳐서만 다른 사람과 가까워 질 수 있다는 것이고, 셋째로 우리는 예수 그리스도 안에서 영원 전에 택함을 받았으며, 현재 있는 그대로의 우리를 용납하시고 그리스도의 구속의 피로 구원하여 영원히 하나님 안에서 하나가 되게 하시는 것입니다. 그러기에 예수 그리스도를 사이에 두고서만 사람은 서로 형제가 될 수 있습니다.

내가 다른 사람에게 형제가 될 수 있는 것은 예수 그리스도께서 나를 위해서 나에게 해 주신 것 때문입니다. 다른 사람이 나에게 형제가 될 수 있는 것도 예수 그리스도께서 그를 위해서 그에게 해주신 것 때문입니다. 내가 형제로서 사귀어 나갈 사람은 형제로서 나에게 다가오는 진실하고 경건한 사람이 아니라, 예수 그리스도에게 건짐을 받고 죄에서 풀려나서 믿음과 영생을 얻도록 부르심을 받은 사람인 것입니다.

어떤 한 사람이 그리스도인으로서 어떠한 존재냐 하는 것은 그의 깊은 내면과 경건이 사귐을 성립시킬 수 있는 것이 아니라, 그가 그리스도에 의해 어떤 사람이 되었느냐 하는 것이 우리의 형제 관계를 결정하는 것입니다. 우리의 사귐은 그리스도께서 우리 쌍방을 위해서 해 주신 것으로만 성립됩니다. 예수 그리스도를 통해서만 나는 남과 사귐이 있고 앞으로도 그럴 것입니다. 우리의 사귐이 참되고 또한 깊어지면 질수록 우리 사이에 있는 다른 것은 사라지고 그만큼 더 뚜렷하고 순수하게 예수 그리스도와 그가 하신 일만이 유일하게 우리 사이에 살아 있을 것입니다. 예수 그리스도께서 나를 버리시거나 포기하시지 않는 것 같이 나도 그리스도 안에 속해 있는 그 형제를 버리거나 포기할 수 없습니다.

그가 비록 내게 죄를 짓거나, 나를 괴롭히거나, 나의 마음을 아프게 할지라도 그가 영원토록 내게 속해 있으며 나도 영원토록 그에게 속해 있다는 사실은 영원히 남습니다. 이러한 의미에서 그리스도인의 교제는 선택이 아니고 필수입니다. 그리스도인이 된다는 것은 그리스도의 몸을 공동으로 갖는 생활입니다. [6]

1) 교제의 신학을 읽고 어떤 생각이 드십니까? 특별히 가슴에 와 닿은 말은 어떤 것이었습니까?

---

[6] 본 훼퍼의 '신도의 공동생활' 중에서

2. 성도의 교제

 참된 영적인 교제는 우리 자신에게서만 예수를 볼 것이 아니라 형제들에게서도 역시 예수를 보아야 함을 의미합니다. 그리스도인 형제들을 바라볼 때, 먼저 그에게서 무슨 실수를 찾는 것이 아니라 예수께서 그를 위해 무엇을 하셨으며, 지금 무엇을 하고 계신가를 생각해야 할 것입니다. 그러므로 모든 성도들이 어떤 은사를 받았든지 간에 그것은 모든 그리스도인들이 서로 돌보게 하기 위하여 '공동 유익'으로 받았다는 것을 항상 마음에 두지 않으면 안 됩니다.
 이러한 상호 봉사의 정신이 곧 분열을 막는 것이 됩니다. 형제를 돕는 것은 너무나 당연하며 자연스럽고 꼭 필요한 일입니다. 그를 돕는 것은 나를 위한 것이요, 곧 우리가 그리스도 안에서 서로를 위해 있음을 확인하는 것입니다. 따라서 하나님께 '드려지는' 예배가 되기 위해서는 형제와의 '나눔'이 반드시 요구되는 것입니다.

1) 위 글을 통해 얻은 영감은 무엇입니까?

2) 성도의 교제는 어떠해야 하는지 다음 말씀을 가지고 살펴봅시다.

 ① 지체 의식

📖 고린도전서 12:12

② 서로 유익을 끼침
📖 고린도전서 12:7, 25-26

③ 서로 기도함
📖 골로새서 1:9

📖 디모데전서 2:1

그리스도인의 사귐은 그 지체들이 서로를 위해서 기도하는 것입니다. 그렇지 않으면 그 관계는 무너져 버립니다. 내가 기도해 주는 한 형제가 나에게 온갖 어려움을 끼친다 할지라도 나는 그를 심판하거나 미워할 수 없는 것입니다. 그와 대면하는 것이 어쩐지 어색하고 쳐다보기조차 싫을지도 모릅니다. 그러나 기도하는 중에 그 형제의 얼굴은 은총을 받은 죄인의 얼굴로 변할 것입니다.

7) •간구: 긴박한 상황에서 어떤 특별한 성취를 위한 탄원'을 의미한다. / •기도: '하나님을 향한 모든 경건한 아룀'을 뜻한다. / •도고: 다른 사람들의 유익을 위해서 간구하는 '중보기도'를 가리킨다. / •감사: 과거의 하나님의 은총에 대한 '감사의 기도'를 뜻한다.

④ 서로 죄를 고백하고 용서함
📖 요한복음 20:23

　많은 그리스도인들이 동료 그리스도인과 함께 기도드리고 함께 예배드리고 함께 봉사하고 있음에도 결국 홀로 남는 것은 그들이 서로의 죄를 감추기 때문입니다. 하나님 앞에서 우리는 아무것도 숨길 수 없는 죄인이듯이 형제 앞에서도 마찬가지입니다. 우리는 꾸밀 필요가 없습니다.

⑤ 서로 사랑함
📖 요한복음 13:34-35

⑥ 서로 기쁘게 섬김
📖 요한복음 3:29-30

3. 함께 울고 함께 기뻐함

어떤 고3학생이 열심히 공부했는데 낙방을 했습니다. 그런데도 같은 교회 안에서 합격한 친구들을 축하하기 위해 자기 집에서 합격축하 파티를 열었습니다. 낙방한 친구 집에서 다함께 모여 서로를 격려하였습니다. 처음에는 어리둥절하였고 괜한 쇼처럼 생각되었습니다. 그러나 그 친구의 진실한 인격을 보고는 합격한 학생들도 교만한 생각을 버리게 되었고 함께 서로 축하해주었습니다. 이 얼마나 귀한 일입니까?

'사촌이 땅을 사면 배가 아프다' 는 속담이 있습니다. 인간의 본성이야 그렇지만 우리는 하나님의 영원한 사랑과 은혜 속에 사는 자가 아닙니까? 서로 사랑으로 섬기는 마음의 노력이 필요합니다.

당신은 친구가 어려운 일 당했을 때에 같이 슬퍼해 주는 것만큼 기쁨에도 함께 기뻐해 준 적이 있습니까? 이런 마음이 없으면 행복할 수 없습니다. 우리의 마음은 다른 사람의 기쁨을 내 기쁨으로 알고 다른 사람의 영광을 내 영광으로 생각하는 겸손하고 열린 마음이어야 합니다. 여기에 행복이 있습니다.

1) 내가 위의 학생이라면 나보다 잘된 사람을 아무 조건 없이 사랑할 수 있겠는지요?

2) 만약 다른 사람이 내가 잘된 것을 자기 일처럼 기뻐해준 경우나, 내가 다른 사람의 기쁨을 내 일처럼 기뻐한 경우가 있다면 그 경험을 나누어 봅시다. 그 경험을 통해 깨달은 것이 있다면 무엇인지요?

4. 진실한 사랑

우리나라에서 큰 강도사건의 주범으로 사형을 기다리던 사형수가 있었습니다. 많은 사람들이 그를 예수 믿게 하려고 애썼고, 다른 종교 단체에서도 그를 만나려고 노력했지만 그 누구도 만나주지를 않았습니다. 죽을 때까지 아무도 만나지 않겠다는 것이었습니다. 가족 면회도 거절했습니다. 그런데 어느 교회 여 집사님이 그를 전도하리라 결심하고는 계속 찾아갔습니다. 그래도 안 되니까 계속 편지를 썼습니다. 그런데 어느 날 그 사형수가 마음을 열고 여 집사님을 만나 전도를 받고 회개하며 예수님을 구주로 고백하고 세례를 받게 되었습니다. 그리고 나중에는 사형장에서도 다른 사람에게 복음을 전하는 사람이 되었습니다.

과연 어떻게 하였기에 그 사형수가 마음 문을 열었을까요? 그것은 집사님이 진실하게 마음을 전했기 때문이었습니다. 그 집사님은 편지에 이렇게 기록했습니다.

"저는 재판받는 당신의 모습을 줄곧 지켜보았습니다. 그 자리에는 강도사건의 공범자도 여럿 있었는데 의외로 당신은 이런 말을 하시더

군요. '죄는 내게 있소. 내가 이 사람들에게 강제로 시킨 것이오. 내가 죽일 놈입니다. 이 사람들은 나에게 이끌려 할 수 없이 죄를 지은 것이니 다 놓아주십시오. 이 사람들은 죄가 없습니다.' 저는 그 말을 듣고 한 가지 느낀 것이 있었습니다. 어쩌다 당신이 그런 일을 저질렀는지는 몰라도 분명히 당신은 본성이 착한 사람이요, 의로운 사람인 것을 알았습니다."

집사님의 겸손하고 가난한 심정의 위로가 사형수의 완악한 마음을 열게 했습니다. 진실을 알아주는 것처럼 고마운 일은 없습니다. 비록 실수는 있었지만 본래는 그런 사람이 아니었다고 인정해 주는 이 한 마디가 그 사형수에게는 얼마나 큰 위로가 되었는지 모릅니다. 이것이 바로 사랑입니다.

그런데 우리는 어떻습니까? 남들에 대해 함부로 이러쿵, 저러쿵 말을 합니다. '그 사람, 원래가 못돼먹었어. 족보로 따져보아도 형편없지. 상놈의 집안에 피가 더러운 집안이지…….' 이런 소리가 사람을 죽이는 것입니다.

인간의 본성이 죄인이기에 부패하고 타락한 것이지 사람이 원천적으로 죄를 지어 악한 사람이 된 것이 아닙니다. 처음부터 악인이 있는 것이 아니라 죄를 지을 수밖에 없는 죄인이 있을 뿐입니다. 그러므로 우리는 서로 믿고 사랑해야 합니다. 서로의 가능성을 바라보고 용서해야 합니다.

1) 우리가 왜 남의 허물을 보면 그 사람을 판단하게 되는지 생각해 봅시다.

2) 형제의 죄와 허물을 보고 위의 집사님처럼 진실한 마음으로 사랑하고 품어주기 위해서는 어떤 마음이 필요하겠습니까?

5. 오늘 새롭게 깨달은 것을 나누어 봅시다.

6과
교회 공동체

교회공동체

유명한 스펄전 목사님의 전기에 보면 이런 재미있는 이야기가 있습니다. 어느 날 젊은 형제가 찾아와서 묻습니다.

"목사님 저는 교회생활에서 상처를 많이 받았는데 저에게 완벽한 교회를 하나 소개해 주세요."

그때 목사님이 웃으시면서 이런 말을 했다고 합니다.

"형제여, 형제가 만약 그런 완벽한 교회를 찾거든 나에게 꼭 일러주시오. 나도 그 교회의 멤버가 되고 싶으니까요. 그러나 당신은 절대로 그 교회의 멤버가 되지 마십시오. 왜냐하면 당신이 끼는 그날부터 그 교회의 완전은 깨질테니까 말이요."

이 얼마나 멋진 조크입니까? 불완전한 인간이 모여 형성하는 공동체는 언제나 그런 불완전성이 나타날 수밖에 없습니다. 그것은 우리 안에 내재하고 있는 죄성이나 부패성의 필연적 결과입니다. 그러므로 우리는 갈등과 더불어 사는 것을 배워야 합니다. 인간의 삶에 갈등은 피할 수 없는 것입니다. 문제는 이 갈등이 올 때 어떻게 잘 극복할 수 있느냐하는 것입니다.

30년 목회의 길을 걸었던 스피노자 조디아티 목사님은 이 땅위에는 두 종류의 교회 즉 살아있는 교회와 죽어있는 교회가 있다고 말했습니다. 그리고 살아있는 교회와 죽어있는 교회의 모습을 다음과 같이 설명하였습니다.

- 살아있는 교회는 항상 교육관, 주차장 등 공간의 문제가 있다. 그러나 죽어있는 교회는 공간을 걱정할 필요가 없다.
- 살아있는 교회는 아이들의 소리들로 늘 시끄럽고 죽어있는 교회는 쥐 죽은 듯 조용하다.
- 살아있는 교회는 일군이 항상 부족하지만 죽어있는 교회는 일군이 남아돈다.
- 살아있는 교회는 항상 예산초과로 고민하고 죽어있는 교회는 남아도는 돈으로 걱정 아닌 걱정이 있다.
- 살아있는 교회는 새 얼굴을 잘 몰라 때때로 시비가 되고 죽어있는 교회는 항상 그 사람이 그 사람이다.
- 살아있는 교회는 교회 밖에까지 활동이 넘치고 죽어있는 교회는 항상 교회 안에서만 활동한다.
- 살아있는 교회는 섬기는 자들로 가득 차 있고 죽어있는 교회는 섬김을 받으려는 자들로 가득 차 있다.
- 살아있는 교회는 배움과 봉사로 바쁘고 죽어있는 교회는 그지없이 한가하다.
- 살아있는 교회는 전도하기에 바쁘고 죽어있는 교회는 회의하기에 바쁘다.
- 살아있는 교회는 믿음으로 움직이고 죽어있는 교회는 인간의 판단으로 움직인다.

📝 서문을 통해서 느낀 점은 무엇입니까?

1. 교회란

　신약성경에서 교회를 의미하는 가장 기본적인 정의는 그리스도 안에서 부름받은 하나님의 백성입니다(고전 1:12, 엡 2:19). 하나님은 자기 백성을 낳으신 분이며(요 1:12-13), 그가 우리를 만드시고 부르시고 보존하시고 구원하십니다. 하나님의 백성으로서의 교회는 예수님이 부활하신 후에 그를 하나님의 아들이며 그리스도로 고백하는 사람들이 나타나면서 시작되었고 그들은 흑암의 권세에서 건짐을 받아 하나님의 아들의 나라로 옮겨진 새로운 백성의 무리들입니다(골 1:13). 이런 의미에서 교회는 택하신 족속이요, 거룩한 나라가 되는 것입니다(벧전 2:9).

1) 교회란 무엇인지 말씀을 통해 알아봅시다.

　　📖 고린도전서 1:2-3

2) 당신은 교회란 무엇이라고 생각해 왔습니까? 위의 글을 읽고 교회에 대해 새롭게 깨달은 것은 무엇인지 이야기해봅시다.

2. 교회의 기초

1) 교회의 기초는 누구입니까? 다음의 말씀을 읽고 대답해 보세요.

📖 마태복음 16:18

📖 에베소서 2:20

2) 교회의 시작은 다음과 같습니다. 아래 말씀을 통해 살펴봅시다.

📖 에베소서 1:4-5

📖 사도행전 1:5

3. 교회의 존재 목적

교회는 다음과 같은 존재 목적을 가지는데 그것이 무엇인지 찾아봅시다.

- 예배
  📖 에베소서 1:6

- 전도
  📖 베드로전서 2:9

- 훈련
  📖 골로새서 1:28-29

4. 그리스도의 몸으로서의 교회

1) 교회가 그리스도의 몸이라는 의미는 무엇입니까?

📖 에베소서 1:20-23

2) 몸의 지체가 지닌 중요성을 설명하십시오.

📖 고린도전서 12:25-26

3) 당신은 교회의 지체로서 어떤 사명을 감당해야 합니까?

5. 제사장으로서의 신자

　제사장직은 신자들이 세상 앞에서 하나님과 그의 뜻을 증거하고 세상에 봉사하기 위해 생명을 바치게 하는 소명으로 이루어져 있습니다. 제사장직을 만들어 그것으로 신자들끼리 교제하게 하신 분이 하나님이십니다. 그들은 각자가 다른 사람들을 위해 하나님 앞에 나아가는 자임을 알고 있습니다. 그리고 자기를 위해서도 다른 사람들이 하나님 존전으로 나아가고 있다는 것을 알고 있습니다. 각 사람마다 다른 형제들을 책임지고 있는 것입니다. 그들은 고통과 고난을 같이 나누고 짐을 같이 지며, 매사에 같이 동거하기 위해 부름을 받은 사람입니다. 만인 제사장직이란 신자마다 자신을 위해 살지 않고, 하나님 앞에서 다른 사람들을 위해 살며, 그 대신 자기는 다른 형제들의 도움을 받아가며 사는 성도의 교제를 말합니다.

1) 모든 신자는 제사장입니다. 왜 그렇습니까?

　📖 요한계시록 1:5하-6

　📖 베드로전서 2:9

2) 제사장으로서의 신자의 역할은 무엇입니까?

- 영원한 생명을 기뻐함
  📖 히브리서 10:19-20

- 삶의 예배
  📖 히브리서 13:15-16

- 예수님의 증인
  📖 사도행전 1:8

- 형제 위해 기도
  📖 디모데전서 2:1-4

• 사랑의 헌신
📖 요한복음 13:35

6. 오늘 새롭게 깨달은 것을 나누어 봅시다.

부록

과제물 점검표
성경읽기 1년 통독표

 **과제물 점검표**

이름:

○: 과제물을 빠짐없이 했을 때   △: 일부분만 했을 때   ×: 전혀 하지 못했을 때

날 짜	예 습	Q T	성경 읽기	기 도

성경읽기 1년통독표

날짜	읽을 성경	확인	날짜	읽을 성경	확인	날짜	읽을 성경	확인
	1월			2월			3월	
1	창세기 1-3		1	레위기 14-16		1	여호수아 12-14	
2	4-6		2	17-19		2	15-17	
3	7-11		3	20-22		3	18-20	
4	12-14		4	23-24		4	21-23	
5	15-17		5	25-26		5	24-사사기2	
6	18-20		6	27-민수기 2		6	3-5	
7	21-23		7	3-7		7	6-10	
8	24-26		8	8-10		8	11-13	
9	27-29		9	11-12		9	14-16	
10	30-34		10	13-15		10	17-19	
11	35-37		11	16-18		11	20-룻기 1	
12	38-40		12	19-21		12	2-4	
13	41-43		13	22-24		13	사무엘상 1-3	
14	44-46		14	25-29		14	4-8	
15	47-49		15	30-34		15	9-11	
16	50-출애굽기 2		16	35-신명기 3		16	12-14	
17	3-7		17	4-8		17	15-17	
18	8-10		18	9-11		18	18-20	
19	11-13		19	12-14		19	21-23	
20	14-16		20	15-17		20	24-26	
21	17-19		21	18-22		21	27-31	
22	20-22		22	23-25		22	사무엘하 1-3	
23	23-25		23	26-28		23	4-6	
24	26-30		24	29-31		24	7-9	
25	31-33		25	32-34		25	10-12	
26	34-36		26	여호수아 1-3		26	13-15	
27	37-39		27	4-6		27	16-18	
28	40-레위기 2		28	7-11		28	19-23	
29	3-5		29			29	24-열왕기상 2	
30	6-8		30			30	3-5	
31	9-13		31			31	6-8	

성경읽기 1년통독표

4월			5월			6월		
날짜	읽을 성경	확인	날짜	읽을 성경	확인	날짜	읽을 성경	확인
1	열왕기상 9-11		1	역대하30-32		1	시편 29-31	
2	12-14		2	33-스가랴 1		2	32-34	
3	15-17		3	2-4		3	35-37	
4	18-22		4	5-7		4	38-40	
5	열왕기하 1-3		5	8-느헤미야 2		5	41-42	
6	4-6		6	3-5		6	43-47	
7	7-9		7	6-8		7	48-50	
8	10-12		8	9-11		8	51-53	
9	13-15		9	12-에스라 3		9	54-56	
10	16-18		10	4-6		10	57-59	
11	19-23		11	7-9		11	60-63	
12	24-역대상 1		12	10-욥기 2		12	64-66	
13	2-4		13	3-5		13	67-71	
14	5-7		14	6-8		14	72-74	
15	8-10		15	9-11		15	75-77	
16	11-12		16	12-16		16	78-80	
17	13-15		17	17-19		17	81-82	
18	16-20		18	20-22		18	83-85	
19	21-23		19	23-25		19	86-88	
20	24-26		20	26-27		20	89-93	
21	27-29		21	28-30		21	94-96	
22	역대하 1-3		22	31-33		22	97-99	
23	4-6		23	34-38		23	100-102	
24	7-9		24	39-41		24	103-105	
25	10-14		25	42-시편 4		25	106-108	
26	15-17		26	5-8		26	109-111	
27	18-20		27	9-12		27	112-118	
28	21-23		28	13-16		28	119	
29	24-26		29	17-19		29	120-122	
30	27-29		30	20-25		30	123-125	
31			31	26-28		31		

성경읽기 1년통독표

7월			8월			9월		
날짜	읽을 성경	확인	날짜	읽을 성경	확인	날짜	읽을 성경	확인
1	시편 126-128		1	이사야27-31		1	에스겔7-9	
2	129-131		2	32-34		2	10-12	
3	132-134		3	35-37		3	13-15	
4	135-139		4	38-40		4	16-18	
5	140-142		5	41-43		5	19-23	
6	143-145		6	44-46		6	24-26	
7	146-148		7	47-49		7	27-29	
8	149-잠언 1		8	50-54		8	30-32	
9	2-4		9	55-57		9	33-35	
10	5-7		10	58-60		10	36-38	
11	8-12		11	61-63		11	39-41	
12	13-15		12	64-66		12	42-46	
13	16-18		13	예레미야 1-3		13	47-다니엘 1	
14	19-21		14	4-6		14	2-4	
15	22-24		15	7-11		15	5-7	
16	25-27		16	12-14		16	8-10	
17	28-31		17	15-17		17	11-호세아 1	
18	전도서 1-5		18	18-20		18	2-4	
19	6-8		19	21-23		19	5-9	
20	9-11		20	24-26		20	10-12	
21	12-아가서 2		21	27-29		21	13-요엘 1	
22	3-5		22	30-34		22	2-아모스 1	
23	6-8		23	35-37		23	2-6	
24	이사야 1-3		24	38-40		24	7-오바댜 1	
25	4-8		25	41-43		25	요나 1-4	
26	9-11		26	44-46		26	미가 1-5	
27	12-14		27	47-49		27	6-나훔 1	
28	15-17		28	50-52		28	2-하박국 1	
29	18-20		29	예레미야 애가 1-5		29	2-스바냐 1	
30	21-23		30	에스겔 1 -3		30	2-학개 2	
31	24-26		31	4-6		31		

성경읽기 1년통독표

날짜	10월 읽을 성경	확인	날짜	11월 읽을 성경	확인	날짜	12월 읽을 성경	확인
1	스가랴 1-3		1	18-20		1	2-4	
2	4-6		2	21-사도행전 2		2	데살로니가전서 1-3	
3	7-11		3	3-5		3	4-데살로니가후서 1	
4	12-14		4	6-8		4	2-디모데전서 1	
5	말라기 1-3		5	9-11		5	2-4	
6	4-마태복음 2		6	12-14		6	5-디모데후서 1	
7	3-5		7	15-19		7	2-4	
8	6-8		8	20-21		8	디도서 1-3	
9	9-11		9	22-23		9	히브리서 1-3	
10	12-16		10	24-26		10	4-6	
11	17-19		11	27-로마서 1		11	7-9	
12	20-22		12	2-4		12	10-야고보서 1	
13	23-25		13	5-7		13	2-4	
14	26-28		14	8-12		14	5-베드로전서 1	
15	마가복음 1-3		15	13-15		15	2-4	
16	4-6		16	16-고린도전서 2		16	베드로후서 1-2	
17	7-11		17	3-5		17	요한일서 1-3	
18	12-14		18	6-8		18	4-5	
19	15-누가복음 1		19	9-11		19	요한이서 1	
20	2-4		20	12-14		20	요한삼서 1	
21	5-7		21	15-고린도후서 1		21	유다서 1	
22	8-10		22	2-4		22	요한계시록 1-3	
23	11-13		23	5-7		23	4-5	
24	14-18		24	8-10		24	6-7	
25	19-21		25	11-13		25	8-9	
26	22-24		26	갈라디아서 1-3		26	10-11	
27	요한복음 1-3		27	4-6		27	12-13	
28	4-6		28	에베소서 1-5		28	14-15	
29	7-9		29	6-빌립보서 2		29	16-17	
30	10-12		30	3-골로새서 1		30	18-19	
31	13-17		31			31	20-22	

저자 소개

심 수 명 (Ph.D., D.Min.)

한밀교회를 개척하여 상담목회를 적용하고 있는 저자는 상담 전문가이며 신학과 심리학, 상담과 목회현장을 아우르는 학자이며 목회자입니다. 저자는 치유와 훈련, 목회를 마음에 품고 한 영혼의 전인적인 돌봄, 부부관계 회복, 비전있는 자녀교육, 건강한 교회세움, 상담전문가 양성 등에 헌신해 왔습니다. 그 노력의 일환으로 제자훈련 시리즈, 목회를 위한 교재, 상담 훈련용 교재들을 출판해 왔습니다.

"기독교상담적 관점에서 본 정신역동상담"이 문화체육관광부 우수학술도서로 선정되고, 「목회와 신학」에서 한국교회 명강사(상담분야)로 선정되는 등 한국교회와 사회에 영향력을 끼쳐 왔습니다.

안양대와 총신대(신학), 고려대(석사,상담심리)와 미국 풀러신대에서 목회상담학 박사와 국제신대에서 상담학 철학박사 학위를 취득하였습니다.

상담자격은 한국 목회상담협회 감독, 한국 복음주의 기독교상담학회 감독상담사, 한국 기독교 상담 및 심리치료학회 상담전문가, 한국가족상담협회 수련감독으로 활동 중입니다.

여성부 정책자문위원으로 활동했으며, 오랫동안 국제신대 상담학 교수로 사역했습니다. 현재 한기총 다세움상담대학원 원장, (사)한국인격심리치료협회 대표로 일하고 있습니다.

- 대표저서

「상담목회」(도서출판 다세움), 「인격치료」(학지사), 「한국적 이마고 부부치료」(도서출판 다세움), 「그래도 삶은 소중합니다」(도서출판 다세움), 「정신역동상담」(도서출판 다세움) 외 다수

- 이메일 : soomyung2@naver.com
- 연락처 – 한밀교회 : 02) 2605-7588, www.hanmil.or.kr
  – (사) 한국인격심리치료협회 : 02) 2601-7422~4

심수명 교수 저서_도서출판 다세움

교육/상담 훈련
- 인생은 축제처럼
- 인격치료(학지사)
- 그래도 삶은 소중합니다
- 상담의 과정과 기술
- 정신역동상담
- 감수성 훈련 워크북

목회와 설교집
- 인격목회
- 상담목회
- 상담적 설교의 이론과 실제
- 감사하면 행복해집니다
- 사랑하면 행복해집니다

비전 시리즈
- 비전과 리더십
- 비전의 사람들
- 세상을 변화시키는 리더십과 팔로워십

소그룹 훈련 시리즈
- 의사소통 훈련
- 인간관계 훈련
- 거절감 치료
- 분노치료
- 행복 바이러스
- 성령의 능력으로 사는 그리스도인
- 감수성 훈련 워크북

결혼/가정 사역
- 한국적 이마고 부부치료
- 부부심리 이해
- 행복결혼학교
- 아버지 학교
- 어머니 학교
- 위대한 부모 위대한 자녀

제자훈련 시리즈 전4권
- 1권. 제자로의 발돋움
- 2권. 믿음의 기초
- 3권. 그리스도와의 동행
- 4권. 인격적인 제자로의 성장
- 전인성숙을 위한 제자훈련 시리즈 인도자 지침서

새신자용 교재
- 새로운 시작